BEI GRIN MACHT SICH IHR WISSEN BEZAHLT

- Wir veröffentlichen Ihre Hausarbeit, Bachelor- und Masterarbeit

- Ihr eigenes eBook und Buch - weltweit in allen wichtigen Shops

- Verdienen Sie an jedem Verkauf

Jetzt bei www.GRIN.com hochladen und kostenlos publizieren

Praktikum in der Schulsozialarbeit. Ein Bericht

Maxi Koch

Bibliografische Information der Deutschen Nationalbibliothek:

Die Deutsche Nationalbibliothek verzeichnet diese Publikation in der Deutschen Nationalbibliografie; detaillierte bibliografische Daten sind im Internet über http://dnb.d-nb.de abrufbar.

ISBN: 9783346409577
Dieses Buch ist auch als E-Book erhältlich.

© GRIN Publishing GmbH
Trappentreustraße 1
80339 München

Druck und Bindung: Books on Demand GmbH, Norderstedt Germany
Gedruckt auf säurefreiem Papier aus verantwortungsvollen Quellen

Das Buch bei GRIN: https://www.grin.com/document/1003155

Praktikumsbericht

vorgelegt von

Maxi Koch

Studiengang Soziale Arbeit

Sommersemester 2019

Inhaltsverzeichnis

1. Einleitung 1

2. Vorstellung Praxisstelle 2

3. Praxisaufgaben und -verlauf 4

4. Bilanz der im Ausbildungsplan festgehaltenen Ausbildungsziele 5

5. Reflexive Darstellung eines konkreten Falls 7

6. Resümee der Praxiserfahrung 9

7. Quellenverzeichnis 14

1.   Einleitung

„Ich mag die Schule nicht, in der kein Fehler vorkommt."[1]

Der Pädagoge Christian Gustav Friedrich Dinter führte schon zur Zeiten des Rationalismus Beobachtungen an seinem schulischen Umfeld durch und beeinflusste mit seinen Erkenntnissen das damalige Schulwesen. Sein Zitat scheint Fehler zu verharmlosen, als wären sie ein essentieller Bestandteil der Schuleinrichtungen. Dementsprechend gab es eine Art der Schulsozialarbeit, welche Dinter und viele andere während des 18. und 19. Jahrhunderts ausübten, lange bevor der Begriff eingeführt wurde. Die Schulsozialarbeit tauchte in Deutschland erst in den 1970er Jahren auf und blieb lange Zeit ohne klare Definition, woran es dem Begriff bis heute mangelt.[2]

Im zweiten Semester befasste ich mich im Modul G08 mit den Arbeitsfeldern der Sozialen Arbeit. Da ein paar meiner Familienmitglieder im Arbeitsbereich Schule tätig waren und durch Erzählungen mein Interesse geweckt hatten, wollte ich mich mit der Schulsozialarbeit auseinandersetzen.

Während ich meine Hausarbeit schrieb, hatte ich das Gefühl, dass die Schulsozialarbeit mehr Fragen aufwarf, als sie zu beantworten. Gerade das Verhältnis zwischen den Lehrkräften und den Schulsozialarbeiter*innen sprach mich an. Ich hatte bis zu diesem Zeitpunkt für mich festgelegt, eher mit älteren Klient*innen zu arbeiten und weniger mit Kindern. Doch durch das Recherchieren während der Hausarbeit interessierte ich mich immer mehr für das Arbeitsfeld. Ich beschloss, mir den Bereich praktisch anzusehen.

Das Praktikum im 4. Semester bot mir die Chance dazu.

In den Semesterferien nutze ich die Zeit, um mir eine Praxisstelle zu suchen. Dabei wurde mir bewusst, wie unterschiedlich Schulsozialarbeit in den verschiedenen Einrichtungen verstanden und umgesetzt wurde. Ich entschied mich für die Schule in Berlin. Ich vereinbarte mit der Leitung S. einen Termin für das Vorstellungsgespräch.

Gemeinsam mit ihrer Kollegin redeten wir über meine Motivation und die zukünftigen Aufgabenbereiche. Von Anfang an wurde mir klar gemacht, dass ich nicht nur als Praktikantin der Schulstation, sondern vor allem als Bestandteil des Teams anerkannt wurde. Dies und die offene Art, die mir die beiden Schulsozialarbeiterinnen entgegenbrachten, gefielen mir und wir unterschrieben den Arbeitsvertrag.

---

[1] Heindl 1846, S. 49
[2] vgl. Speck 2014, S. 11, 35

1

2. Vorstellung Praxisstelle

„Die Schulstation ist eine Form der Sozialarbeit, die in der Schule stattfindet. Sie ist auch Bestandteil des schulischen Gesamtkonzeptes zur Förderung der Kinder und Jugendlichen. Seit 2006 ist die Schulstation eine ‚Insel‘ der Schule an der Victoriastadt."[3] Die rechtliche Grundlage für „Sozialarbeit in der Schule" und den Betrieb der Schulstation ist in erster Linie das SGB VIII. Besonders hervorzuheben ist hier der §13 SGB VIII. Dieser besagt, dass zum Ausgleich sozialer Benachteiligung oder Überwindung individueller Beeinträchtigungen sozialpädagogische Hilfen angeboten werden sollen, welche unter anderem auch die schulische Ausbildung und Integration fördern sollen. „Es gibt keine eigene Gesetzesnorm für Schulsozialarbeit, sondern dieses Aufgabengebiet wird abgeleitet aus dem SGB VIII auf Bundesebene und den schulrechtlichen Regelungen der Autorität der jeweiligen Bundesländer. Vor diesem Hintergrund müssen die rechtlichen Grundlagen der Kinder- und Jugendhilfe und die schulrechtliche Situation des jeweiligen Bundeslandes berücksichtigt werden[…]."[4]

Das Team der Schulstation besteht aus S. und L. Beide sind ausgebildete Marburger Konzentrationstrainerinnen und Ansprechpartnerinnen für die Schülerschaft und das pädagogische Personal.

Der Träger ist die sozialdiakonische Arbeit Berlin GmbH. Jugendhilfe, Bildung und Arbeit GmbH und steht in der Tradition diakonischer und sozialdiakonischer Arbeit in Berlin. Die Stiftung schafft und gestaltet seit Jahren Angebote und Lösungen für Kinder, Jugendliche und Familien, auch für diejenigen in schwierigen oder gefährdenden Situationen bzw. Verhältnissen. Seit 11 Jahren arbeitet die Schulstation Insel in der Schule und wird seitdem als Unterstützungsangebot von Schüler*innen, Pädagogen, Erzieher*innen und Eltern wahrgenommen.

Die Aufgabenschwerpunkte der Mitarbeiterinnen der Schulstation umfassen Prävention und Intervention.

Die Schulstation bietet den Kindern ein Übungsfeld für Soziales Lernen mit dem Ziel, mit Konzentrations- und Stresssituationen besser umzugehen und den Klassenverband zu stärken.

Ein ebenfalls relevanter Aufgabenbereich ist die Einzelfallarbeit. Mit dieser Methode wird lösungsorientiert mit dem einzelnen Kind gearbeitet. Nach Bedarf werden Hilfen vermittelt und Strategien entwickelt, die soziale, gesundheitliche oder psychische Probleme lösen. Die

---

[3] vgl. Laubig 2019 (Internetquelle)
[4] Amthor/Puhl/Rätz u.a. 2017, S. 31

Schulstation bietet direkt neben dem Büro einen Rückzugsort. Ein großer Raum mit einem Tisch in der Mitte, einer Couch an der Wand und vielen Beschäftigungsmöglichkeiten (wie Tischkicker, Gesellschaftsspiele, Bücher) steht während der Öffnungszeiten allen Schüler*innen, Lehrer*innen, Erzieher*innen und Eltern zur Verfügung.

Tagtäglich finden dort Mediationen statt. Die Mediation wird nach Bedarf der Schüler*innen und / oder der Lehrer*innen durchgeführt. Die Schüler*innen kommen von sich aus in die Schulstation, wenn sie einen Konflikt nicht ohne Hilfe lösen können.

Das Gewaltpräventionsprojekt „Bewegte Pause" findet jeden Tag in der ersten und zweiten Hofpause statt.

Seit 2014 gibt es auf dem Schulhof ein „Spielehaus". Dort befinden sich die Spielgeräte. Diese sind für jedes Kind verfügbar. Für jede Hofpause sind zwei bis drei Kinder für das Spielehaus verantwortlich. Zudem gibt es in jeder Hofpause Schüler*innen, die jeweils als „Streitlichter" und als „Erste-Hilfe-Buddies" tätig sind.

Mithilfe dieser Aufgaben und der damit einhergehenden Verantwortung, die den Schüler*innen gegeben wird, sinken die Auseinandersetzungen innerhalb der Schülerschaft.

Ein weiteres Aufgabenfeld ist die Demokratieförderung. Dazu gehören der Klassenrat und das Schülerparlament. „Bereits mit Schulanfängern kann eine Kinderkonferenz zur Mitbestimmung [...] geleitet werden. Ab Klasse 4 übernehmen die Kinder selbst Funktionen im Klassenrat."[5] Dort werden gemeinsam mit den Schüler*innen, den Lehrer*innen und der Schulstation aktuelle Themen, wie Ausflüge, Konflikte oder Organisation der Lerngestaltung diskutiert. Die Mitarbeiterinnen der Schulstation beraten auch auf Bedarf das pädagogische Personal.

Gremien- und Vernetzungsarbeit sind ebenfalls ein wichtiger Bestandteil der Schulstation. Mithilfe von regionaler Vernetzung z.B. mit Jugendclubs, Schulpsychologischer und Inklusionspädagogischer Beratungs- und Unterstützungszentren (SIBUZ) und dem Jugendamt soll die effektivste Zusammenarbeit zum Wohle der Kinder eingeleitet werden. Jeden Dienstag findet von 14:30 bis 16:00 Uhr der Dienstagssport statt. In Kooperation mit dem Sport-Jugend-Bildungszentrum „Lücke" wird für die 4. bis 6. Klasse eine Freizeitmöglichkeit nach der Schule geboten. Zur Zielgruppe der Schulsozialarbeit gehören Schüler*innen, Eltern und das pädagogische Personal.

---

[5] Hagedom/Taglieber 2005, S. 105

3. Praxisaufgaben und -verlauf

Zu meinen Aufgaben und Tätigkeiten gehörte primär das Erkennen der Bedürfnisse der Schüler*innen. Ich hospitierte bei Mediationen oder leitete sie selbst und wertete diese gemeinsam mit meiner Anleiterin aus. Auf der bewegten Pause war ich Ansprechpartnerin für die Kinder und half bei Bedarf im Spielehaus. Beim Sozialen Lernen hospitierte ich und unterstützte die Kinder, wenn sie Probleme hatten.

Ich begleitete meine Kolleginnen beim Klassenrat und beim Schülerparlament.

Bei Elterngesprächen hatte ich ebenfalls die Möglichkeit zu hospitieren und band mich gegebenfalls mit ein, wenn ich näheren Kontakt zu der oder dem Schüler*in hatte und zur Konfliktlösung beitragen konnte.

Der Dienstagssport fiel ebenso in meinen Aufgabenbereich. Dort begleitete ich die Kinder beim Sport und stand zur Unterstützung zur Verfügung. Ich beteiligte mich an der Netzwerkarbeit, indem ich mit meinen Kolleginnen zu externen Terminen ging, wie z.B. zum Jugendamt oder in Jugendclubs zum Austausch der regionalen Sozialarbeit. Zudem wurde ich in die Bearbeitung der Dokumentation und Statistik einbezogen. Die Statistik vervollständigte ich gemeinsam mit meiner Anleiterin jeden Freitag für die abgelaufene Woche. In der Statistik wurden die Kontakte zu den Schüler*innen, zum pädagogischen Personal sowie zu den Eltern und den externen Einrichtungen festgehalten. Ich vervollständigte Akten der Schüler*innen oder legte sie selbst an.

Ich brachte Rechnungen, Sachberichte sowie Postsendungen zum Zentralen Service des Trägers. Ich begleitete meine Anleiterin und einige Schüler*innen der vierten Jahrgansstufe in den Osterferien bei einem Ferienprogramm.

Am Samstag, den 18. Mai 2019 fand in der Nähe der Schule das Fest „Viva Victoria" in der Victoriastadt in Lichtenberg statt. Das „Viva Victoria" ist ein Kinder-, Jugend- und Familienfest der SozDia Stiftung Berlin – Gemeinsam Leben Gestalten. Der Kiez engagierte sich tatkräftig mit Flohmarktständen, Straßenmusik und kunterbunten Spielangeboten.

Dort unterstütze ich Kolleg*innen des Trägers und meiner Schulstation am Stand. Wir veranstalteten ein „Bobby-Car-Rennen". Während die Kinder ihren Spaß hatten, kamen wir mit den Eltern über den Träger und unsere Arbeit in der Schulstation in ein Gespräch.

In der Woche vor den Sommerferien veranstaltete die Schule nach der Unterrichtszeit das Sommerfest. Jede Klasse hatte einen eigenen Stand mit verschiedenen Angeboten. Auch meine Kolleginnen und ich beteiligten uns. Mithilfe einer selbstgebauten Rampe konnten die Kinder sowie das pädagogische Personal versuchen, Süßigkeiten mit dem Mund aufzufangen. Mit unserem Angebot brachten wir viele Kinder zum Lachen und kreierten einen schönen Ausklang zum Ende des Schuljahrs.

4. Bilanz der im Ausbildungsplan festgehaltenen Ausbildungsziele

Zum Anfang haben meine Anleiterin und ich darüber gesprochen, dass ich ein eigenes Projekt mithilfe einer Lesepatenschaft in Angriff nehmen kann. Ich habe in mehreren Klassen hospitiert und mich dann für eine Patenklasse entschieden, die meine Unterstützung gerne angenommen hat. Mit dem Klassenlehrer stand ich ständig im Austausch über das Klassenklima und einzelne Schüler*innen. Zu zwei Schüler*innen hatte ich besonderen Kontakt. Es waren unterschiedliche Charaktere, welche mir beide durch ihre Motivation und ihre offene Art Vertrauen entgegenbrachten. Ich verbrachte mit jedem Kind einmal die Woche eine Stunde zusammen, in der ich es beim Lesen unterstützte. Durch diese gemeinsame Zeit wurde ich eine persönliche Ansprechpartnerin und baute eine Beziehung zu den Schüler*innen auf. Nach jeder Lesestunde schrieb ich in die Schülerakte der Kinder, welche Probleme sie noch hatten und welche Fortschritte es gab. Anhand dieser Akten konnten ich sowie meine Kolleginnen und auch weiteres pädagogisches Personal auf die Entwicklungen der Schüler*innen zurückgreifen. Am Ende meines Praktikums erstellte ich für die beiden Kinder eine individuelle Leseurkunde. So konnte ich die gemeinsam verbrachte Zeit angemessen beenden und den Kindern eine besondere Erinnerung mitgeben.

Im Laufe der Zeit leitete ich gemeinsam mit meinen Kolleginnen das Soziale Lernen verschiedener Klassen des ersten, zweiten und dritten Jahrgangs. Meine Partnerklasse, die 1c, kam ebenfalls einmal die Woche in die Schulstation. Zusammen mit meiner Anleiterin suchten wir uns ein kleines Projekt, welches dem Klassenverband zugutekommen sollte. Die sogenannte „Warme Dusche" beinhaltet, dass die Klasse gemeinsam mit den Sozialarbeiter*innen in einem Kreis sitzt. In alphabetischer Reihenfolge werden die Kinder aufgerufen. Sie können sich selbst aussuchen, ob sie an ihrem Platz bleiben oder sich mit ihrem Stuhl in die Mitte setzen. Die Kinder werden vorher gefragt, ob sie schon wissen, wie man anderen etwas Nettes sagt. Zum Beispiel werden positive Eigenschaften aufgezählt oder warum die Kinder gerne mit einer Person Zeit verbringen. Das ausgewählte Kind darf dann die Kinder nacheinander drannehmen und erhält die „warme Dusche" an Komplimenten. Dies stärkt das Selbstvertrauen und den Klassenzusammenhalt.

Während die Kinder miteinander redeten, hielt ich mich zurück und notierte alles in Stichpunkten. Später bastelte ich dann kleine Karten, auf denen ich den Namen und die positiven Eigenschaften der Person zusammentrug. Diese Karten überreichte ich den Kindern in ihrer Klasse und laß sie ihnen noch einmal vor. Dies löste immer eine große Freude in den Gesichtern der Schüler*innen aus und bewirkte innerhalb der Klasse eine Veränderung. Ich nahm die Kinder von Anfang an als sehr empathisch wahr. Ich machte aber auch ihre Schwierigkeiten aus, ihre Gefühle zu erkennen und zu formulieren. Dies änderte sich durch das soziale Lernen. Diese Entwicklung mitanzusehen war ein sehr schönes Gefühl und bestärkte mich in meinem Wunsch in der Sozialen Arbeit tätig zu sein.

Auch in der Gewaltprävention konnte ich den Kindern in der bewegten Pause eine neue Möglichkeit schaffen. Neben dem Schulhof befindet sich ein Fußballplatz, der durch mangelndes Aufsichtspersonal während der Hofpausen nicht genutzt wird. Dreimal die Woche bin ich mit mehreren Kindern, wobei die Anzahl täglich variierte, in der großen Hofpause Fußballspielen gegangen. Das Angebot kam sehr gut an und bereits zu Beginn der Pause standen die Schüler*innen vor meinem Büro oder unten am Schuleingang und warteten auf mich. Die Kinder lernten beim Spielen Fairness und Kompromissbereitschaft kennen. Sie gestalteten selbst die Spielregeln und die Teams. Da durch variierende Mitspieler*innen auch verschiedene Spielregeln aufeinandertrafen, kam es teilweise zu Konflikten. Mit den Kindern sprach ich über ihre Vorstellungen und Wünsche auf dem Fußballplatz und entwickelte mit ihnen ein gemeinsames Spielkonzept.

Da dieses Angebot so gut bei den Schüler*innen ankam, vereinbarte meine Anleiterin mit mir, dass es gut wäre den Fußballplatz weiterhin geöffnet zu haben, auch nach Beendigung meines Praktikums. Ich führte die nachfolgende Praktikantin in das Projekt ein, damit den Kindern auch weiterhin diese Möglichkeit geboten wird.

Zum neuen Schuljahr unterstützte ich meine Anleiterin und eine Lehrkraft bei der Wahlunterrichtsverpflichtung für die 5. und 6. Klassen. Der Kurs „Streitschlichter" diente dazu, 16 Kinder zu Streitschlichter*innen auszubilden. Einmal pro Woche traf ich mich mit meiner Anleiterin und einem Lehrer, um den Unterricht gemeinsam vorzubereiten.

Jeden Mittwoch fand in der sechsten und siebten Stunde der Kurs statt. Die Streitschlichterausbildung unterschied sich zum normalen Unterricht. Wir sprachen mit den Kindern über Konflikte, die sie selbst erlebt hatten. In welcher Rolle sie sich innerhalb dieses Konfliktes befanden und vor allem wie sie Konflikte lösen können. Wir besprachen mit ihnen die Theorie und schickten sie gleichzeitig mit neonfarbigen Streitschlichterwesten auf die Hofpausen. Dort waren sie Ansprechpartner*innen für alle anderen Kinder. Sie sollten aufmerksam und gut sichtbar für ihre Mitschüler*innen auf dem Schulhof vertreten sein. Wenn es zu Konflikten kam, konnten sie diese eigenständig lösen. Falls sich der Streit trotz Streitschlichter*innen nicht klären ließ, konnten sie unsere Hilfe und auch die der Aufsichten in Anspruch nehmen. So beobachteten wir die neuen Streitschlichter*innen und standen im regelmäßigen Austausch mit den Kindern über ihre Erfolge und Misserfolge der Schlichtung.

5. Reflexive Darstellung eines konkreten Falls

Bereits in den ersten Woche meines Praktikums lernte ich P. aus meiner Partnerklasse 1c kennen. Er fiel mir auf dem Schulhof auf, da er immer lieber allein war und sich kein Spielzeug auslieh, sondern immer einen Besen, um den Schulhof sauber zu machen. Er war immer besorgt um die Sauberkeit auf dem Hof. Aber er lächelte selten bis nie. Ich fragte ihn öfter, ob er nicht mal etwas spielen wolle. Er verneinte dies die erste Zeit, bis er nach ein paar Wochen nachgab und mit anderen Kindern und mir Ball spielte. Beim Spielen fiel mir auf, dass seine motorischen Fähigkeiten stark hinter denen seiner Mitschüler*innen zurücklagen. In den Reflexionsgesprächen seines Klassenlehrers bestätigte er dies und berichtete mir, dass der Junge zum Anfang des Schuljahres nicht einmal fähig war einen Stift in der Hand zu halten. In seiner Akte fand ich heraus, dass P. der schulärztlichen Untersuchung zufolge eine spezifische schulische Förderung und eine entsprechende Übungsbehandlung empfohlen bekommen hatte, da seine visuelle Wahrnehmung und Visuomotorik, sowie seine körperlich-motorische Entwicklung eingeschränkt ist.

Der strenge und viel zu erwachsene Gesichtsausdruck des Jungen ließ mich nicht los und ich wollte ihn besser kennen lernen. Ich vereinbarte mit seinem Klassenlehrer und meiner Anleiterin eine Lesepatenschaft. Einmal die Woche plante ich mit P. eine Unterrichtsstunde in der ich mit ihm in die Mediathek ging, um mit ihm zu lesen. Sein Klassenlehrer befürwortete dies. Bereits in der ersten Stunde freute sich P. auf das Lesen und war voller Motivation.

Ihm fiel das Lesen sehr schwer, aber er nahm jeden Verbesserungsvorschlag dankbar an und verinnerlichte ihn. Bereits in der zweiten Stunde konnte er meine Tipps aufgreifen und Buchstabenlaute verinnerlichen, die er eine Woche zuvor noch nicht kannte. In den Hofpausen fragte er mich immer, ob wir etwas zusammen spielen wollten und wann wir das nächste Mal zusammen lesen würden. Er freute sich immer auf die Lesestunden, die Motivation war jedoch unterschiedlich und ließ oft schnell nach.

Ich recherchierte wie ich das Lesen für ihn spannender gestalten konnte. Daraufhin teilte ich die Unterrichtsstunde in zwei Teile.

Die erste Hälfte gingen wir in die Mediathek und wählten gemeinsam ein Buch aus, was ihn interessierte. Wenn ich merkte, dass bei ihm nach ein paar Seiten die Motivation nachließ, versprach ich ihm, dass wir in der zweiten Hälfte der Stunde noch etwas spielen könnten. So gingen wir danach in die Schulstation.

Zuerst probierte ich es mit einer leichten Version von „Scrabble". Nach dem er das Spiel verstanden hatte, konnte er mit meiner Hilfe einfache Wörter zusammensetzen. Nach einigen Wochen langweilte ihn dieses Spiel und ich suchte nach einer Alternative. Das Spiel „Wort für Wort" sagte ihm mehr zu. Auch in diesem Spiel ging es darum Buchstaben zu sammeln und Wörter zusammen zu legen. Jedoch ging es auch um Schnelligkeit. Er erlernte neben dem Buchstabieren auch Reaktionsfähigkeit. Das schnelle Spiel war für ihn ein spannender Kontrast zum ruhigen Lesen. So fand ich für ihn einen guten Ausgleich, der seine Motivation aufrechterhielt.

In der Supervision besprach ich den Fall mit meiner Supervisorin. Ich arbeitete gerne mit P. zusammen und merkte gleichzeitig, dass ich ihn nicht abhängig von meiner Hilfe und meiner Person machen wollte. Ich befand mich in einem inneren Konflikt. P. brauchte Förderbedarf und nahm diesen auch gern von mir an, da wir eine Beziehung zueinander aufgebaut hatten. Gleichzeitig war mir bewusst, dass ich an der Schule ein Praktikum absolvierte und nicht bis zum Ende seiner Schullaufbahn an seiner Seite sein konnte und auch nicht wollte, da er die Chance brauchte, selbstständig zu werden. In der Supervision bot mir meine Supervisorin die Möglichkeit, ein Rollenspiel zu probieren. Sie spielte meine Person und ich schlüpfte in die Rolle von P. Mithilfe dieser Methode wurde mir erst bewusst, dass P. mich wahrscheinlich als Person schätzte und meine Hilfe gern in Anspruch nahm. Jedoch auch gar nicht an meine Hilfe gebunden werden wollte und durchaus die Kraft und Motivation besaß, autonom zu handeln.

Dieses Wissen half mir im weiteren Umgang mit P. In den Pausen verwies ich ihn darauf, auch mal mit anderen Kindern zu spielen. Dies fiel ihm, wie auch mir, anfangs schwer. Doch mit der Zeit überwand er sich, andere Kinder anzusprechen, bis sich echte Freundschaften mit ein paar Jungs aus seiner Klasse entwickelten. Er kam noch gerne mit zum Fußballspielen, doch beschäftigte sich mehr mit seinen Mitschüler*innen, als mit mir.

Ich führte weiterhin einmal wöchentlich meine Lesepatenschaft mit ihm durch. So zeigten sich nach Monaten des gemeinsamen Lesens tatsächlich Verbesserungen. Ich besprach mit der neuen Praktikantin, was ich bisher mit P. geübt hatte, so dass sie an seinem aktuellen Wissensstand anknüpfen und weiterhin mit ihm lesen konnte.

Ich ging zum Ende meiner Praktikumszeit mit einem guten Gefühl, da ich wusste, dass P. gelernt hatte, eigenständig zu arbeiten und sich zu integrieren. Zudem wurden seine Lesefähigkeiten weiterhin verbessert und mit der neuen Praktikantin hatte er auch weiterhin eine Ansprechpartnerin.

6.   Resümee der Praxiserfahrung

In meiner Praxisstelle in der Schulstation konnte ich eine Vielfalt an neuen Eindrücken sammeln. Ich habe etliche wichtige Erfahrungen für mein zukünftiges Berufsfeld in der Sozialen Arbeit gemacht.

In den ersten Wochen wurde mir sehr schnell bewusst, dass Praxis und Theorie sehr weit auseinander liegen. Diese Erkenntnis machte ich bereits in meiner ersten Mediation, die ich führte. Ein paar Mädchen definierten ihre Freundschaft zueinander über Materialismus (wie Kleidung und Schmuck). Ich besprach mit ihnen das Thema Freundschaft und was sie darunter verstehen. Frustriert musste ich feststellen, dass die Mädchen nicht von einen auf den anderen Tag ihre aktuellen Stellungen verwarfen. In der Reflexion mit meiner Anleiterin musste ich lernen, dass ich Menschen nicht völlig verändern kann. Mir wurde klar, dass ich auch niemanden verändern möchte, sondern denjenigen nur auf einen bestimmten Weg leiten kann und werde. Zudem hat jeder Mensch andere Wert- und Moralvorstellungen, die sich im Laufe der Zeit verändern können. Die Mädchen befinden sich darüber hinaus noch im emotionalen Wachstumsprozess und werden von allein noch viel erfahren und lernen. Nicht jeder Konflikt ließ sich nach Lehrbuch klären. Ich musste mich mehr von der Theorie lösen und mich auf die praktische Arbeit einlassen.

Bevor ich mein Praktikum begann, hatte ich mir die Frage gestellt, in welcher Beziehung die Lehrer*innen und Sozialarbeiter*innen zueinanderstanden.

Nach einem Semester Praxiserfahrung hatte ich eine bessere Vorstellung davon, jedoch konnte ich die Beziehung weiterhin nicht klar definieren.

Dies lag daran, dass sich die Beziehung zu jeder einzelnen Lehrkraft anders definierte. Ähnliches galt für die Zusammenarbeit mit den Erzieher*innen, Schulhelfer*innen und den Eltern. Oft kam das pädagogische Personal zu uns, wenn es Probleme innerhalb der Klasse gab, die nur mit externer Hilfe zu lösen waren. Der Austausch fand aber auch statt, wenn keine expliziten Komplikationen anstanden. Dann kam das pädagogische Personal zu uns in das Büro und trat mit uns in die individuelle Reflexion. Auch ich selbst konnte innerhalb der letzten Monate eine gute Beziehung zu den Lehrer*innen, Erzieher*innen und Schulhelfer*innen aufbauen. Ich vereinbarte selbstständig Termine, die das Soziale Lernen, den Klassenrat oder meine Lesepatenschaften betrafen.

Lehrer*innen baten auch oft darum, dass ich sie bei Wandertagen begleitete. Dies gehörte zwar nicht primär in meinen Aufgabenbereich, jedoch war das pädagogische Personal oft auf die Mithilfe der Schulstation aufgrund von ständigem Lehrmangel angewiesen. Zudem konnte ich durch die Wandertage die Kinder viel besser kennen lernen und sie auch von einer anderen Seite erleben, als im Unterricht oder auf den Hofpausen. Nachdem ich mit einer Klasse auf einem Wandertag war, baute ich eine Beziehung zu den Schüler*innen auf, sodass ich für sie eine Ansprechpartnerin auf den Hofpausen wurde.

Wenn es um Komplikationen ging, welche die ganze oder einen Großteil der Klasse tangierten, boten wir den Klassenleiter*innen als Schulstation an, mit der Klasse einen Klassenrat zu veranstalten. Betraf es nur einzelne Schüler*innen, leiteten wir oft Mediationen ein. Diese Methoden klappten häufig gut und verbesserten auch unsere Beziehung zu den Kindern und den betroffenen Lehrkräften. Mir fiel auf, dass gerade die jüngeren Kolleg*innen auf uns zu kamen. In einer Reflexion mit meiner Anleiterin, legte sie mir nah, dass dies nicht unüblich war, da die älteren Kolleg*innen eher auf ihre vertrauten Muster zurückgriffen. Zu der Zeit, in der diese Lehrkräfte in ihren Beruf einstiegen, gab es an den meisten Schulen noch keine Schulsozialarbeit. Dementsprechend nahmen sie eher selten die Unterstützung des Schulsozialarbeiterteams in Anspruch.

In der Schulstation erlebte ich trotz dessen oft Lehrer*innen, Erzieher*innen, Schulhelfer*innen und auch die Schulleitung, die oft ihre Dankbarkeit gegenüber meinen Kolleginnen und auch mir zeigten. Wir wurden oft um Hilfe gebeten, aber bekamen auch die entsprechende Anerkennung dafür.

Diese Wertschätzung gab mir ein gutes Gefühl und motivierte mich weiterhin Beziehungen aufzubauen, präsent zu sein und meine Hilfe anzubieten.

Eine meiner für mich persönlich wichtigsten Erkenntnisse machte ich in Bezug auf die Kommunikation und die Beziehung innerhalb der Kollegenschaft. Mit meiner Anleiterin und meiner Kollegin innerhalb des Schulsozialarbeiterteams entstand eine sehr enge Bindung im Laufe des Praktikums.

Durch ständige Reflexionen und häufigen Austausch über aktuelle Probleme, Erkenntnisse oder Erfolge wuchsen wir als Kollektiv zusammen. Ich fühlte mich nicht mehr nur als Praktikantin, sondern als festen Bestandteil des Teams, da ich meine Projekte selbstständig ausführte und dafür Anerkennung meiner Kolleg*innen empfing. Wenn ich mich bei etwas überfordert fühlte, konnte ich ohne Probleme mit meiner Anleiterin darüber sprechen. Gemeinsam suchten wir dann nach einer Lösung.

Um erfolgreich mit den Kindern Beziehungen aufzubauen, wollte ich nicht nur innerhalb meines Teams ein gutes Verhältnis haben, sondern mit dem gesamten pädagogischen Personal und der Beziehungsberechtigten. Natürlich wusste ich, dass es eine Wunschvorstellung ist mit der gesamten Lehrerschaft, allen Erzieher*innen und Eltern von über 500 Schüler*innen in

Kontakt zu treten, doch ich wollte es versuchen, so viele Schritte Richtung Beziehungsarbeit, wie möglich zu machen. Ich konnte eine gute Bindung zur Mutter einer meiner Lesepatenschaften aufbauen. Alle paar Monate fand ein Elterngespräch mit der Mutter, dem Jugendamt, dem Klassenlehrer und der Schulsozialarbeiterinnen statt. Die Mutter teilte uns mit, was sie zu Hause mit ihrem Kind übte, wie es ihr ging und wo sie noch Unterstützung brauchte. Ich berichtete von den Leseerfolgen, aber auch von sozialen Fähigkeiten, die ihre Tochter entwickelte. Gemeinsam vermittelten wir der Mutter auch eine Anlaufstelle für Nachhilfe. Aufgrund dieser häufigen Reflexionen konnte ich zur Mutter, zum Klassenlehrer und zum Kind selbst eine enge Beziehung aufbauen. Diese Bindung half mir, die Schülerin besser zu verstehen, sie zu unterstützen und ihre Lesefähigkeiten erfolgreich zu verbessern.

Doch ich hatte nicht nur positive Erlebnise mit Beziehungsarbeit erfahren dürfen.

Der stellvertretende Schulleiter hatte gekündigt und die Schulleitung stand allein da. Sie war überfordert mit der Organisation. Hinzu kam, dass viele Lehrer*innen ebenfalls gekündigt hatten, schwanger wurden oder für längere Zeit krank waren. Die Kinder bekamen dies zu spüren, indem sie nach den Sommerferien für einen Monat keinen festen Stundenplan bekamen und den ganzen Schultag mit den jeweiligen Klassenleiter*innen Unterricht hatten.

Der Personalmangel war extrem. Es fiel jede Menge Stunden aus und Lehrkräfte mussten verstärkt arbeiten. Zusätzlich gab es neue Spielgeräte auf dem Schulhof, was zwar ein Highlight für die Schüler*innen war, aber dadurch weniger freie Fläche auf dem Hof existierte. Zum neuen Schuljahr wurden noch mehr Kinder an der Schule angenommen. Die Kombination aus mehr Kindern, weniger Platz auf dem Pausenhof und Personalmangel führte zu deutlich mehr Konflikten zwischen den Schüler*innen. Meine Kolleginnen und ich führten täglich bis zu fünf Mediationen durch.

Aufgrund des angespannten Klimas sowohl beim Kollegium als auch bei der Schülerschaft kam die Kommunikation oft zu kurz und die Beziehungen litten darunter.

Viele Lehrkräfte gaben der Schulleitung die Schuld am Chaos, ohne genau zu wissen, welche Aufgaben ein*e Schuldirektor*in zu leisten hatte. Die Unzufriedenheit führte dazu, dass viele Lehrer*innen sich dazu entschlossen, die Schule zu verlassen.

Eine Schulhilfekonferenz sollte eine Verbesserung der Situation schaffen. Die Schulleitung setzte sich mit dem gesamten pädagogischen Personal zusammen und jeder brachte individuell das jeweilige Anliegen hervor. Nach der Konferenz war die Schulleitung für zwei Wochen krankgeschrieben. Die Konfrontation mit ihren Kolleg*innen hatte sie laut eigener Aussage nicht erwartet, wolle jetzt aber an den genannten Punkten arbeiten.

Ich zog daraus meine Schlüsse, dass Probleme so frühzeitig wie möglich angesprochen werden sollten und es gerade in schwierigen Zeiten wichtig ist, nicht gegeneinander zu arbeiten. Die aktuelle Lage in der Schule stellt eine hohe Herausforderung für das pädagogische Personal und die Schülerschaft dar. Der Schulhof soll erweitert werden, was das Problem des Platzmangels während der Hofpause verringern kann. Der Personalmangel kann nur behoben werden, wenn sich das Klima innerhalb des Teams verbessert und die Kolleg*innen wieder gerne zur Arbeit kommen. Ich hoffe, dass das Kollegium diesen Schritt schafft und die Schule weiterhin ein toller Ort für Schüler*innen bleibt.

Am Ende meiner Praxiszeit konnte ich auf viele aufgebaute Beziehungen blicken. Der Abschied fiel mir daher auch nicht leicht.

Meine Anleiterin hatte mich schon zu Beginn meines Praktikums darauf hingewiesen, dass ich den Kindern so gut wie möglich vermitteln musste, dass ich nicht für immer Teil der Schulstation bleiben würde.

Anfangs hatte ich nicht damit gerechnet, dass es schwierig war, dies den Kindern zu erklären, ohne sie zu kränken. Aber mir selbst fiel es manchmal schwer, in dieser Situation sachlich und professionell zu bleiben. Mit bestimmten Schüler*innen hatte ich engere Beziehungen aufgebaut, als zu anderen. Natürlich war es am schwierigsten, mich von den Kindern zu verabschieden, mit denen ich jeden Tag zu tun hatte. Viele reagierten enttäuscht und verständnislos, andere gaben mir selbstgebastelte Geschenke.

In Absprache mit meiner Anleiterin plante ich die Kinder drei Wochen nach Beendigung meines Praktikums zu besuchen. So konnte ich den Schüler*innen ein Wiedersehen versprechen und auch mir selbst ein besseres Gefühl zu geben, dass dies nicht der absolute Abschied war.

Ich nahm mir vor, die Schule alle paar Monate zu besuchen, um auch meine Kontakte zum sozialen Träger zu pflegen.

Als ich mich dazu entschied im sozialen Bereich zu arbeiten, stellte ich mir immer den Bereich der Beratung mit Erwachsenen vor. Die Arbeit mit Kindern hatte mich nie gereizt, bis ich auf die Thematik Schulsozialarbeit gestoßen war.

Meine erste praktische Erfahrung mit Sozialer Arbeit mit Grundschulkindern veränderte meine Sicht. Ich wurde darin bestätigt, im Berufsfeld der Sozialen Arbeit zu bleiben, jedoch lieber mit jüngeren Klient*innen zusammen zu arbeiten. Die Entwicklung der Kinder mitanzusehen, sie zu unterstützen und ihr Vertrauen zu gewinnen, gab mir ein Gefühl von Sinnhaftigkeit.

Ich lernte so viel über Beziehungsarbeit und Abhängigkeit von Hilfe. Es geht auch bisweilen darum Menschen weniger zu helfen, sondern sie mehr zu unterstützen und sie auf den richtigen

Weg zu bringen, den sie dann selbstständig laufen müssen. Ich erfuhr auch viel über meine Fähigkeiten und Grenzen.

Ich konnte erkennen, was ich alles erreichen wollte und was nicht aufging. Ich hatte zu Beginn meiner Praxiszeit hohe Erwartungen an meine Praxisstelle und auch an mich selbst gestellt. In meiner ersten Woche gab es viele Momente, die mich überforderten. Insbesondere lag dies an den Pausensituationen auf dem Schulhof. Ich hatte nicht erwartet, dass so viele Kinder auf mich zugestürzt kommen, um meine Hilfe in Anspruch zu nehmen. Zudem hatte ich nicht mit der Unvoreingenommenheit gerechnet. Ich fühlte mich angenommen und akzeptiert. Im Laufe der Zeit lernte ich viele Kinder besser kennen. Ich konnte meine eigenen Erwartungen erfüllen und mit der Pausensituation besser umgehen. Anstatt nervös zu werden, freute ich mich, wenn die Schüler*innen und auch das pädagogische Personal auf meine Unterstützung bauten.

Ich konnte alle an mich gestellten Anforderungen erfüllen und nahm auch Herausforderungen an, die über meinen Aufgabenbereich hinausgingen. Ich leitete selbstständig mehrere Unterrichtsstunden des Sozialen Lernens in der zweiten Jahrgangsstufe. Zu Anfang meines Studiums hätte ich nicht gedacht, dass ich einmal einer gesamten Schulklasse soziale Kompetenzen vermitteln würde. Ich bin stolz darauf, dies erfolgreich gemeistert zu haben.

Meine Praxiserfahrung in der Schule in Berlin lehrte mich viel über die Beziehungsarbeit und deren Wichtigkeit.

Ich machte viele Erfahrungen, die mich auf meinem zukünftigen Berufsweg begleiten werden. Ich habe mich sowohl fachlich als auch persönlich weiterentwickelt. Ich fühle mich in meiner Berufswahl bestätigt und blicke zuversichtlich in meine Zukunft als Sozialarbeiterin.

7. Quellenverzeichnis

Amthor, Ralph-Christian/Puhl, Ria/Rätz, Regina/Schröer, Wolfgang/Simon, Titus/Wolff, Mechthild (Hrsg.): Lehrbuch Schulsozialarbeit. 2. Aufl. Weinheim. 2017.

Hagedom, Ortrud/Taglieber, Walter: Mediation – durch Konflikte lotsen. 58 schüler- und handlungsorientierte Unterrichtsmethoden. Leipzig 2005.

Heindl, Franz Xaver: Welche Würde hat ein Kind. In: Heindl, Franz Xaver (Hrsg.): Pädagogische Aehrenlese, oder: Wichtiges und Bestes aus pädagogischen Schriften alter und neuer Zeit, während vierzigjähriger Tätigkeit im Schulfache gesammelt und herausgegeben. Augsburg 1846, S.49.

Laubig, Susanne: Schulstation – Ein Ort für Begegnung, Beratung und Förderung. URL: http://www.sozdia.de/Wir-ueber-uns.263.0.html [Stand 05.08.2019]

Speck, Karsten: Schulsozialarbeit. Eine Einführung. 3. Aufl. München 2014.